L. Schubert

Leben des Reichsgr. Georg von Browne,

General-Gouverneur von Liefland und Esthland, Oberfeldherr der

russischen Armeen etc.

L. Schubert

Leben des Reichsgr. Georg von Browne,
General-Gouverneur von Liefland und Esthland, Oberfeldherr der russischen Armeen etc.

ISBN/EAN: 9783743440937

Hergestellt in Europa, USA, Kanada, Australien, Japan

Cover: Foto ©ninafisch / pixelio.de

Weitere Bücher finden Sie auf **www.hansebooks.com**

Leben

des

Reichsgrafen Georg von Browne.

———————

. . . . Simulacra videro
mille ac mille hominum, facile eſt; ſed
rarus ubique verus Homo.

Leben

des

Reichsgr. Georg von Browne

General = Gouverneur von Liefland und Esthland,
Oberfeldherr der Russischen Armeen ꝛc.
ꝛc. ꝛc.

W. Arendt fec:

Aus

dem Französischen, mit einer Vorrede

von

L. Schubert.

Riga, 1795.
bei Johann Friedrich Hartknoch.

Leben

des

Reichsgrafen Georg von Browne.

———————

. . . . Simulacra videro
mille ac mille hominum, facile est; sed
rarus ubique verus Homo.

Leben
des
Reichsgr. Georg von Browne

General - Gouverneur von Liefland und Esthland,
Oberfeldherr der Russischen Armeen rc.
rc. rc.

W. Arendt fec.

Aus
dem Französischen, mit einer Vorrede
von
L. Schubert.

Riga, 1795.
bei Johann Friedrich Hartknoch.

Vorrede.

Nachstehende biographische Nachrichten sind von einem Stiefsohn des berühmten Georg Browne aufgesezt, und müssen als ein sehr schäzbarer Beitrag zu einem künftigen vollständigen Leben dieses seltnen Mannes betrachtet werden. Ihr Verfasser sezte sie in französischer Sprache auf, und eine verbindliche Zuschrift von unbekannter, wiewohl leicht zu errathender Hand — veranlaßte uns, ihnen das deutsche Gewand zu leihen.

Wir nahmen uns dabei gewisse Freiheiten, welche theils der Geist beider Sprachen, theils unsre Rücksicht auf ein anderes Publikum zu erfordern schien. Das Original sollte blos ein Familienstück seyn; wir wünschten es zu einem gemeinnützigern Galleriestücke zu erheben. Es wurden mithin da und dort Titulaturen, Familienberichte und dergleichen weggelassen, die Thatsachen näher zusammengestellt, und etwas mehr Sorgfalt auf die Karakteristik verwendet.

Angehängt ist ein Abriß von dem Leben des kaiserlichen Feldmarschalls Ulysses Maximilian von Browne, der sich im siebenjährigen Kriege so berühmt gemacht hat, und in der Schlacht bey Prag fiel.

Es gehört unter die rührendsten und interessantesten Schauspiele der

Menschheit, den denkenden Blick auf einem Bilde wie dies ruhen zu lassen. Georg Browne würde eine Zierde des alten Griechenlands oder Roms gewesen seyn, und bedarf blos eines Plutarchs, um wetteifernd neben den Helden des Alterthums zu stehen. Jetzt ist er einer der höchsten und ehrwürdigsten Pilaster eines Reichs, das sich mit dem Anfang dieses Jahrhunderts aus der Nacht hervorriß; mit dem Ende desselben alle seine Nebenbuhler zu verschlingen droht. — Ein

Mann steht hier vor uns, dessen Leben beinahe ein ganzes Jahrhundert ausfüllt; welcher als Krieger, als Feldherr, als Richter, als Staatsmann und Gesezgeber — 64 Jahre lang seinem Vaterlande diente; vom Soldaten, wie von dem Bürger, von seiner Kaiserin wie von seinen Kammeraden, vom Minister wie vom Landbeamten geliebt und verehrt; im Kriege wie im Frieden als Muster gepriesen; der Vater der Provinzen, über die ihn seine Kaiserin sezte. Ein viel-

faffender praktischer Verstand; feuriger
kriegerischer Muth; unbeugsame Beharrlichkeit und Anhänglichkeit an die
Grundsätze, die er aus den Stürmen
seines Lebens gerettet hatte; tiefe Kennt-
niß des Menschen; unermüdete Thätigkeit wobey ihn ein eiserner Körperbau
unterstützte; eine seltne Geschmeidigkeit
im Umgange; tiefes Religionsgefühl,
und eine tausendfach erprobte und be-
währte Rechtschaffenheit — machen
die Grundzüge seines Charakters aus.
Er beschloß langsam, und wo möglich

mit Zuziehung Sachkundiger Freunde; was er aber einmal beschlossen hatte, das ward mit unabweichlicher, an Starrsinn grenzender Beharrlichkeit vollstrekt. Dem Verdienste war seine Hand stets offen; die Anmaßung, den Troß, die freche Zudringlichkeit wieß er mit strafendem Feuer zurük. Höchst einfach in seiner Lebensweise, verbreitete er diesen patriarchalischen Geist auch über andere, und erndete unter allen Gefahren ausdauernde physische und moralische Gesundheit. Es ist etwas Wildes und Klippenartiges in seiner Physiognomie — so wie wir sie vor uns haben, was sogleich den Krieger ankündigt und für die, so ihn noch nie gesehen, zurückschreckend war. Dies verlor sich aber, sobald er den Mund zum Reden öffnete; und nur dem Strafbaren wieß er den Bliz seines Auges. Dieselbe Freimüthigkeit, welche Peter III. an ihm so anstößig fand, äußerte sich auch in seinen Aemtern und seinem ganzen Umgange. Browne verstand sich auf die seltne

Kunst Freunden und Feinden die Wahrheit ins Angesicht zu sagen, ohne zu beleidigen. Selbst seiner Kaiserin verhielt er die Misbräuche der Regierung nicht, und wußte seine Vorschläge zu Abhelfung derselben so fein damit zu verbinden, daß sie fast ohne Ausnahme von Ihr genehmiget wurden.

Kurz, Georg Browne, von dessen Bilde wir hier abtreten um seinem Sohne Platz zu machen, gehört unter die reifsten und ausgezeichnetsten

Männer dieses Jahrhunderts, unter
die Wenigen, welche der Nachwelt als
ewige Muster aufgestellt zu werden
verdienen.

S.

Leben

des

Grafen Georg von Browne.

Der Hauptzweck der Geschichte scheint uns nicht darin zu liegen, daß die Revolutionen ganzer Reiche im Großen erzählt werden. Jene Gemälde von den Barbareien, Vorurtheilen, und Verirrungen finsterer Jahrhunderte; von den treulosen, durch ungerechte blutige Kriege behaupteten Intriken der Kabinette neuerer Zeit, würden nichts seyn als ein ermüdendes Verzeichniß niederschlagender Thatsachen; würden weder die Menschheit im Ganzen, noch das fühlende Herz des Einzelnen

rühren, wenn sie nicht von Zeit zu Zeit
philosophische Aufschlüsse, und Schilde-
rungen jener seltnen Sterblichen enthiel-
ten, welche durch Verdienst, Charakter,
Tugend und große Handlungen, sich über
Andere emporschwangen, ihrem Zeitalter
zur Zierde gereichten, und die Achtung, das
Bedauren und das zärtlichste Andenken
aller Edeln mit sich ins Grab nahmen.

Freilich haben nur Wenige diese Höhe
erreicht: Schwachheiten, Eigennutz, skla-
visches Beugen unter die Umstände, Laster
und Thorheiten beflecken mitunter das Andenken der größten Helden, und schmä-
lern ihre Ansprüche auf Unsterblichkeit.
Wir glauben daher allen Schätzern des
Guten und Großen einen Dienst zu erzeigen, wenn wir ihnen einen Abriß von dem

öffentlichen und Privatleben eines Mannes vorlegen, dem das größte Reich der Erde stets als eine seiner ersten Stützen betrachtet, und der sich während eines fast hundertjährigen Lebens, unter fünf Beherrschern, die ihn alle verehrten, wechselsweise als guten Bürger, tapfern Kriegsmann, erfahrnen General, tugendhaften Gemahl, zärtlichen Vater, zuverläßigen Freund, und tadellosen Richter gezeigt hat — von jedermann geachtet, von allen, die ihn kannten, geliebt. So viele Prädikate, auf einen einzigen Menschen gehäuft, könnten den Verfasser dieser Schrift in den Verdacht der Partheilichkeit, oder einer blinden Bewunderung bringen; er beruft sich aber getrost auf die Stimme eines unpartheiischen Publikums, und fürchtet

den Vorwurf der Uebertreibung so wenig,
daß er vielmehr überzeugt ist, die Zukunft
werde seinem Helden noch manchen Zug
schenken, den er hier vergaß.

Wir schildern also hier das Leben des
Reichsgrafen Georg von Browne,
Oberfeldherrn der Armeen S. M. der
Kaiserin aller Reußen, General-Gouver-
neurs von Liefland und Esthland; und um
ihn sowohl in seinem öffentlichen als Privatleben kennbar zu machen, stellen wir
ihn in den drei Hauptepochen seines Lebens,
als Kriegsmann, als Gouverneur,
und als Mensch dar, damit der Leser
in jeder seine Verdienste, Talente und Tugenden beurtheilen könne.

Georg Browne stammte aus einer
Familie, die schon im elften Jahrhun-

dert blühte, die Wilhelm dem Erobe-
rer aus der Normandie nach England
gefolgt war, und sich da durch tapfere
Thaten, und einen sich fortpflanzenden
Adel des Betragens auszeichnete; —
ein würdiger Abkömmling jener Browne,
die hier die ersten Posten im Krieg und
Frieden bekleideten — bis auf die unglücklichen Zeiten, wo die Zügellosigkeit
Heinrichs VIII. und der Widerstand des
römischen Hofes gegen seine schändlichen
Anschläge, diesen König verleiteten, den
ehrenvollen Nahmen eines Beschützers des
Glaubens, mit dem eines Tirannen von
England und eines Verfolgers der Religion zu vertauschen. Die Katholiken wurden nicht nur vom Hofe, und von allen
bürgerlichen und militairischen Aemtern

entfernt; sondern ein eiserner Zepter ver=
einigte sich mit dem Beile der Henker,
mit den Fackeln der Mordbrenner, sie zu
zermalmen: der größte Theil der Irländi=
schen Katholiken ward seiner Besitzungen
beraubt, aus seinen Schlupfwinkeln her=
vorgerissen, und gewaltsam zu einer Reli=
gionsänderung gezwungen. Vom Strome
der Verfolgung ergriffen, mußten sich die
meisten entweder unter dem Joch beugen,
oder ein Vaterland auf immer verlassen,
das ihnen nur Blut und Entsetzen zeigte.
Thomas Browne allein wagte es, sich
den Gewaltthaten der Presbyterianer ent=
gegenzustellen: er versah auf eigne Kosten
seine unglücklichen Mitbrüder mit Waffen
und Lebensmitteln, bot sie, nach dem Bei=
spiel der braven Bataver, zum Kampf auf

mit Heinrich um das Irländische Grund-
eigenthum; und wenn gleich diese Unternehmung größtentheils die mächtigen Fonds
verschlang, welche die Brownes in diesem
Lande besaßen, so hielt er dennoch durch
diese seltne Aufopferung, durch seinen glü-
henden Patriotismus, während der ganzen Regierung Heinrichs, die Habgier und
Gewaltthätigkeit dieses Tirannen in Schran-
ken; und erlangte nachmals unter der mil-
dern Regierung der Königin Elisabeth,
noch vor Niederlegung der Waffen, für
seine Mitbrüder wenigstens Frieden und
Duldung. . . Brave Irländer! Solltet
ihr jemals — wie es die Zeichen der Zeit
zu verkünden scheinen, die alten Rechte
wieder erlangen, die man eurem Werthe
schuldig ist, und deren Euch das durch

schreckende Beispiele gewitzigte England
nicht lange mehr wird berauben können;
so erinnert Euch, daß es Thomas Browne war, der Euren sinkenden Muth wieder aufrichtete und Euch über den Trüm-
mern seines Vermögens, die ersten Früchte jener köstlichen Freiheit reichte, die vielleicht in kurzem Euer Theil seyn wird.

Mein Herz hat mich einige Schritte
von meinem Weg entfernt; ich lenke wieder ein. — Ungeachtet des Vergleichs
zwischen den Britten und Irländern, wodurch Letztern Friede und Duldung ihres
Glaubens eingeräumt wurde, sahen sie
sich doch durch das Mistrauen der Krone
von allen bürgerlichen und militärischen
Würden ausgeschlossen.

Das Vermögen der Browne war durch diese großmüthige Vertheidigung fast ganz zu Grunde gerichtet, den Irländern jede ehrenvolle Laufbahn versperrt: die ersten Familien des Landes wanderten daher lieber aus, und suchten in freiern Zonen jene Ehre und Güter mit ihrem Blute einzulösen, die ihnen England so treulos geraubt hatte. So folgten die Lascy, die O'donell, die Dillon, Hamilton, O'konov, Gascoigne, und sehr viele Andere dem Beispiel der Browne, verließen mit Bedauren ihre Heimath, und brachten den ersten Mächten Europens ihre Talente zu. Die Familie Browne theilte sich in drei Zweige: Browne — Browne; Browne von Camus, und Browne Montaigut. Der zweite ver-

Tor zwar sein Erbe, erhielt aber doch seinen Nahmen, und dauert noch heute in der Person der Kinder unsers Helden, und in Irland in der seines Bruders und seiner Neffen fort; der erste ist gänzlich erloschen und der dritte, von dem ich weiter unten rede, blüht noch in Irland.

Nach dem Beispiel seiner Landsleute verließ also Georg Browne, der Held dieser Blätter, gebohren den 15 Juny 1698, nachdem er die ersten Lebensjahre dem Vaterlande geweiht, und seine Studien zu Limerick vollendet hatte, in einem Alter von 27 Jahren seine Heimath — mit dem unerschütterlichen Vorsatz, dem er nie untreu wurde: „seinem Glauben und Geschlecht stets Ehre zu machen" (Fidem servabo genusque). Der Jüngling ergrif den erften Dienst, der sich ihm anbot; es war der des Kurfürsten von der Pfalz. Da er aber die kriegerische Ruhe nicht liebte, und das Glück hatte, den General Keith kennen zu lernen, der in Russische Dienste getreten war; so folgte er dem Helden 1730 in dieses Reich, und langte daselbst gerade zu der Zeit an, da die Kaiserin Anna Iwanowna auf den Thron gestiegen war. Die Empfehlung Keiths, sein eigner berühmter Nahme, und eine kriegerische Figur, verschaften ihm bald eine Capitain = Lieutenants = Stelle unter der Garde von Ismailow; und noch im nehmlichen Jahre ward er, seinen Wünschen gemäß, als Premier=Major unter das Infanterie Regiment Narva versezt. Wir können nicht bestimmt

angeben, ob es die besondere Gunst der
Kaiserinn, oder sonst ein zufälliger Um=
stand war, was ihm zu einer so schnellen
Beförderung verhalf. Noch bekleidete er
diese Stelle, als er nebst zwei andern Of=
fizieren erfuhr, daß sich unter einer Garde
Compagnie ein Complot gegen die Kaise=
rinn zusammengethan hätte: den Degen
in der Faust, stürzt er sich mit seinen
Kammeraden auf die Empörer, und zer=
streut sie im ersten Anlauf: Nur ihre
wachsende Zahl kann ihn mit Mühe zum
Rückzug bewegen: — eine Handlung, die
ihm die Kaiserin nie vergaß.

Als nach dem Tode Augusts II, König
Stanislaus Leszcinski, von seinen An=
hängern unterstüzt, den Polnischen Thron
wieder einnehmen wollte; sandte Kaiserin

Anna, die sich für den Sohn des Verstorbenen (August III) erklärt hatte, ihren Feldmarschall Münnich nach Polen ab, um die Parthei dieses Prinzen aufrecht zu erhalten. Nach einigen Treffen zwischen den Russen und Polen, wo der Vortheil auf der Seite der erstern blieb, gab sich Browne an die Bloquade von Warschau; und der geschwächte Stanislaus, der sich nicht weiter im Felde halten konnte, zog sich nach Danzig zurück. Der Feldmarschall übertrug nun dem General Lascy die Belagerung dieser Stadt; da sie dieser aber sehr fest und durch eine mächtige Artillerie gedeckt fand, wagte er nichts dagegen, und that dies dem mit Wiederherstellung der Ordnung beschäftigten Marschall zu wissen. Münnich über-

und sogleich sein Commando den übrigen Russischen Feldherren; nahm nichts als eine beträchtliche Belagerungsartillerie mit sich und betrieb in Person die Belagerung von Danzig. Schon hatten die Russen einen mörderischen Sturm auf dem Platz unternommen, als Münnich Nachricht erhielt, der Brigadier De la Motte, den Cardinal Fleury dem König Stanislaus zu Hülfe geschickt hatte, sey mit 2200 Franzosen auf einer kleinen Kaufflotte angelangt, mit denen sich der Graf von Plelo, französischer Botschafter in Dänemark, vereiniget habe, welcher entrüstet über die schlechte Unterstützung, die Frankreich seinem Pflegling angedeihen ließ, seinen Posten verließ, sich an die Spitze seiner Landsleute stellte, und entwe=

weder das Belagerungsheer durchbrechen
und die Stadt mit Lebensmitteln versehen,
oder auf dem Feld der Ehre sterben wollte.
Münnich sandte unsern Browne mit zwei
Escadrons und drei Bataillons gegen dieses Corps Franzosen ab, welches Wunder
der Tapferkeit that, am Ende aber sich
dennoch ergeben mußte, nachdem es 1800
Mann, und unter ihnen den tapfern Grafen von Plelo, mit funfzehn Wunden
bedeckt, auf dem Wahlplatz zurückgelassen
hatte.

Nach dieser Niederlage der Franzosen
kehrte Browne unter die Mauern von
Danzig zurück, und wenn er gleich in dem
linken Arm einen Schuß erhielt, der ihm
das Bein zerschmetterte, und ihm einen
großen Blutverlust zuzog, so verließ er

B

seinen Posten doch nicht eher, als bis ihm eine Stückkugel vom Wall her, ohne Besinnung unter die Verschanzungen warf.

Kaum war der Krieg in Polen durch die Erhebung Augusts III auf den Thron geendigt, so folgte Browne, der bald von seinen Wunden geheilt war, dem General Lascy gegen die Franzosen am Rhein, und hier machte er jenen forcirten klug angelegten Marsch, womit er sich die Bewunderung aller Kenner der Kriegskunst erwarb. Von hieraus unternahm er, auf Befehl des Feldmarschalls Münnich, einen noch schnellern und gewagtern Zug, um an den Ufern der Wolga zu ihm zu stoßen, wo er mit einem Haufen von 3000 irregulairen Truppen, der ganzen großen Armee der Türken, die er ohne Aufhören

beunruhigte, den Uebergang über den
Fluß streitig machte. Er wohnte hierauf
der Belagerung von Asoph bey, erhielt
hier abermals zwei starke Blessuren, und
flog, kaum wieder geheilt, vor Oczakof,
wo er, ob gleich nur Oberster, im Jahr
1739 ein Heer von 30,000 Mann com-
mandirte. In dem nehmlichen Jahre stieß
er als Russischer Obercommissair bey der
Kayserlichen Armee, zu dem Grafen von
Neuperg vor Belgrad, und folgte ihm
in das unglückliche Treffen bey Krotzka,
wo er sich, den Degen in der Faust, mitten unter die Türken stürzte, alles vor sich
niederwarf, das Pferd unter dem Leibe verlor, als Gefangener nach Adrianopel gebracht, und dreimal als Sklave verkauft
wurde. Zuletzt brachte ihn ein Offizier an

sich, der wie er verwundet sich mit ihm
auf einen gemeinen Wagen unter Säcke
voll Rosinen warf, von denen sie mit einan-
der lebten. Kaum hatte aber der Russische Hof Brownes trauriges Schicksal erfahren, so trug er dem französischen Botschafter zu Constantinopel Villeneuve
auf, ihn auszulösen, und als Franzosen
zu sich zu nehmen. Er blieb eine Zeitlang
bei dem Gesandten, zog, um vor den Türken desto sicherer zu seyn, ein Sklavenkleid
an, und erfuhr unter dieser Maske die
Plane des Divans gegen Rußland für
den künftigen Feldzug. Mit diesem theu-
ren Geheimniß beladen, das er keinem
Menschen anvertraute, zog er, mit Vor-
wissen des französischen Gesandten, zu
Fuß und verkappt von Constantinopel hin-

weg, durchwanderte einen Theil der Staaten des Großherrn, gelangte nach Kaminiek in Podolien, durchflog als Russischer Courier Polen, und kam glücklich in Petersburg an, um der Kaiserin Anna die entdeckten Geheimnisse vorzulegen. Sie nahm ihn sehr gnädig auf, machte ihn zum General-Major, und gab ihn dem General Lascy zur ersten Expedition nach Finnland mit, die aber ohne Erfolg blieb, weil der Schwedische Senat, von Partheien zerrissen, selbst nicht recht wußte, ob er Rußland den Krieg ankündigen sollte, oder nicht. Bekanntlich kam es weder von der einen noch andern Seite zu Feindseligkeiten; und Lascy begab sich blos dahin, um Beobachtungen über das Locale anzustellen. Erst drei Jahre hernach (im

Jahr 1742), brach der Schwedische Krieg
aus, und Browne erhielt den Auftrag,
zwischen Narva und Petersburg eine
Observationslinie zu ziehen, um die Schweden von den Küsten Esthlands und der
Hauptstadt entfernt zu halten — was er
auch mit soviel Rücksicht und Klugheit be-
werkstelligte, daß man diese Unternehmung,
die alle Anschläge des Feindes hintertrieb,
als ein Meisterstück der Tactik betrachtete.

Der 1742 erneuerte Krieg mit den
Schweden hatte einen schlechten Fortgang
wegen des damals erfolgten Todes der
Kaiserin Anna Jwanowna und wegen
verschiedener anderer Zwischenumstände
während der kurzen Regierung der Groß-
fürstin; und würde gewiß nach der Erhebung der Kaiserin Elisabeth auf den

Thron, durch einen annehmlichen Frieden
seine gänzliche Endschaft erreicht haben,
wenn die Schweden nicht verlangt hätten,
daß sie ihnen alle Eroberungen wieder
herausgeben sollte, welche Peter der Große in ihrem Lande gemacht. So brach
also, nach manchen unnützen Friedensvor-
schlägen, der Krieg in Finnland mit
größerer Wuth als je aus, und die Russen nahmen nicht nur den ganzen von ihnen verlassenen Strich bis zum Flusse Ky-
men wieder ein, sondern sie rückten bis
Helsingfors vor, und bemächtigten sich
dieser Stadt.

Am Ende dieses mühsamen Kriegs,
der in einem Lande voll von Seen, Ge-
hölzen, Felsen und engen Pässen geführt
werden mußte, wurde Browne, welcher

bisher unter seinem Schwager, dem Feldmarschall Lascy, commandirt hatte, zum
General = Lieutenant ernannt, und
nach dem Frieden mit Schweden, mit einem abgesonderten Corps dem Hause Oest-
reich zu Hülfe geschickt. Er wohnte nun
dem blutigen Treffen bey Lowositz bey,
wo er einen Schuß durch den Schenkel
bekam; und dann der unglücklichen Schlacht
bey Prag, wo der östreichische Feldmarschall Ulysses von Browne, sein Vet-
ter, getödtet ward. Auch in der berühmten
Schlacht bey Kolin befand sich Browne.
Hier machte er eine so glückliche, den Alli-
irten so mißliche Diversion, daß sie sich
für verpflichtet hielten, ihm ihre Dankbarkeit öffentlich zu bezeugen. Die Kaiserin
Maria Theresia schickte ihm eine präch=

tige mit Brillanten besetzte Dose mit ih=
rem Portrait; König August III von Po=
len den weißen Adlerorden; der König
von Frankreich wünschte ihm Glück zu sei=
nen Thaten, und ließ ihn wählen: entwe=
der eine beträchtliche Summe auf einmal
anzunehmen, oder ihm einen seiner Söh=
ne zu schicken, dessen Erziehung und fer=
nere Versorgung er auf sich nehmen woll=
te. Browne wählte das letztere, genoß
aber dieses Trostes nicht lange, denn sein
Sohn starb bald hernach zu Paris.

Wegen eben dieser Schlacht bey Ko=
lin, und der bald darauf folgenden bey
Jägersdorf, wo sich Browne nicht
weniger auszeichnete, schickte ihm die Kai=
serin Elisabeth den St. Alexander=
Newski=Orden. Einige Zeit hernach

nahm er großen Antheil an der Schlacht
bey Breslau, wo er eine starke Quet=
schung an der Lende erhielt, sich Meister
von Königsberg machte, und in der
Schlacht bey Cüstrin, unter dem Oberbe=
fehl des General Fermers, den linken Flü=
gel der Russen mit großem Ruhm comman=
dirte. Er wurde nun zum Oberfeldherrn erho=
ben, und es war in der Schlacht bei Zorn=
dorf, wo er in eben dem Augenblick, da
der rechte Flügel der Russen von den
Preußen geworfen war, an der Spitze sei=
nes linken Flügels auf den Feind eindrang
und durch ein geschicktes Manöuvre bereits
die Schlacht wieder hergestellt hatte, als
er von einem Preuß. Husarenoffizier zum Ge=
fangenen gemacht wurde, der ihn von seinem
Corps einschließen ließ, und eben ins

Lager zurückführen wollte, als plötzlich der
Offizier einen großen Haufen von Kosaken
auf sich ansprengen sah; worauf er stille
hielt, und zu Browne sagte, indem er
ihn mit seinem Mantel bedeckte: „Geben
Sie sich diesen Leuten nicht zu erkennen,
Herr General, oder ich tödte Sie!" Aber
Browne, der sein Leben weniger achtete,
als die Ehre seiner Monarchin, der nach
Freiheit schmachtete und in die Schlacht
zurück wollte, die bisher immer zum Nach-
theil der Russen fortgewüthet hatte, sah
seine Kosaken kaum näher kommen, als
er ihnen zurief: „Mir nach meine Kinder!
Der Preusse, der die Kosaken nun heran-
kommen sah, feuerte zwei Pistolen auf den
General Browne ab, zog, da er ihn
noch am Leben sah, seinen Säbel, und

gab ihm fünf Hiebe über den Kopf, so
daß Browne mit zerrissenem bluttriefendem
Kopf vom Pferde fiel, und unter den
Todten zurückgelassen wurde. Aber die
Kosaken rächten bald diesen Verlust, stürm-
ten auf das Preußische Corps ein, und
hieben es sammt seinem Offizier zusammen. Nach dieser Verrichtung suchten die
Kosaken den Körper ihres todt geglaubten
Generals auf, machten eine Tragbahre
aus ihren Piken, und brachten ihn ins
Russische Lager, um ihm die lezte Ehre
zu erzeigen. Nach und nach kam Browne
wieder ins Leben zurück; aber er hatte so
viel Blut verloren, und seine Wunden er-
forderten eine so sorgfältige Kur, daß er
die Armee verließ und nach Petersburg
ging, um sich heilen zu lassen. Er kam

daselbst bald außer Gefahr; aber feine
gänzliche Wiederherstellung war wegen des
starken Blutverlustes sehr langwierig, und
er diente bis ans Ende dieses Kriegs nicht
mehr, der durch den Tod der Kaiserin
Elisabeth geschlossen ward.

Der Tod dieser Fürstin, und die Erhebung Peters III. auf den Russischen Thron
änderten bekanntlich die Lage der Dinge
von Grund aus: die Russischen Generale
erhielten nicht nur Befehl, den Krieg in
Preußen sogleich aufzuheben; sondern Peter III, einer der feurigsten Bewunderer
Friedrichs, gab ihm alle weggenomme-
nen Plätze, nebst seiner Hauptstadt wieder
zurück, ließ ihm die Gefangenen ohne Lö-
segeld ausliefern, zog seine Truppen aus
den Ländern seines Freundes, und beschloß

seine ganze Macht gegen dem König von
Dännemark aufzubieten, von dem er wegen
des Herzogthums Holstein, dessen Erbe
Peter war, sehr gekränkt zu seyn glaubte:
und da Browne bereits wieder von seinen
gefährlichen Wunden geheilt war, so er=
hob ihn Peter, der sein militairisches
Talent schätzte und seinen erprobten Muth
kannte, zum Range eines Feldmarschalls,
und verlangte, daß er unter ihm die Un=
ternehmung gegen Dännemark kommandi=
ren sollte. Aber der rechtschaffene Mann,
der in seinem Herzen von der Unrechtmä=
ßigkeit der Beweggründe Peters, und von
den unangenehmen Folgen dieses Schritts
überzeugt war, der den Ruhm seines Herrn
jeder Privatrücksicht, die hier jeden Andern
blenden konnte, vorzog, weigerte sich durch=

aus, das Werkzeug zu diesem Vorhaben
abzugeben; und als ihm Peter die Ursa-
chen seiner Widersetzlichkeit abverlangte;
hatte Browne den edeln Freimuth, die
Motive dieses Kriegs dem Kaiser ins Angesicht zu tadeln und ihm vorzustellen, daß
er den Grundsätzen einer gesunden Politik eben so sehr, als der damaligen Lage
Europens zuwider sey. Der heftige Peter, der alles was er wollte, mit Unge-
stüm wollte, fand sich durch diese ent-
schlossene Antwort so sehr beleidigt, daß er
Brownen das kaum übergebene Feldmar-
schallsdiplom aus der Hand und in Stü-
cken riß; mit dem Befehl, ihm sogleich aus
dem Gesicht zu gehn, seinen Dienst zu
verlassen, und sich an die Grenzen des
Reichs zurückzuziehn. Browne gehorchte

ohne zu antworten, und ging nach Hause,
um seine Sachen zur Abreise in Ordnung
zu bringen.

Drei Tage lang gährte der Groll im Herzen
des Monarchen über den Trotz eines Dieners fort, von dem er nur blinden Ge-
horsam gegen seine Befehle erwartete; und
ganz Petersburg gab B r o w n e n verloren.
Endlich aber traten die überwiegenden Verdienste des tapfern Mannes ins Gedächtniß des Kaisers zurück; er erkannte in seiner Antwort die Zuthätigkeit eines Dieners,
dem es mehr um die Ehre seines Herrn
als um sein eigen Glück zu thun wäre,
ließ ihn zu sich rufen, und sagte: „Mein
Herr, ich war eine Zeitlang über Ihre
Kühnheit erbittert; nachdem ich aber Ihre
besondern Beweggründe näher in Erwä-
gung

gung gezogen, so lassen Sie uns davon
schweigen. Da sie meine Unternehmung ge=
gen Dännemark nicht billigen, so bestehe
ich nicht weiter darauf, daß Sie mich be=
gleiten. Ich selbst werde dahin gehen und
meine Rechte zu verfechten wissen, Sie
aber, dessen Talente und edlen Muth ich
verehre, sollen meinen Dienst nicht ver=
lassen, und da Ihnen Ihre vielen Wun=
den die Ruhe wünschenswerth machen müs=
sen, so ernenne ich Sie hiemit zum Gene=
ral = Gouverneur von Liefland. Auch
auf diesem Posten werden Sie Gelegenheit
finden, mir neue Beweise Ihres Dienstei=
fers zu geben. Und nun gehen Sie auf
Ihren Platz, der so eben vakant gewor=
den, und zählen stets auf meine Ach=
tung.

C

Browne, den diese Anrede seines Mo=
narchen auf die angenehmste Art über=
raschte, bezeugte ihm in den lebhaftesten
Ausdrücken seine Dankbarkeit, und reisete
sogleich nach seinem Gouvernement ab.
Kaum war er aber daselbst angelangt, als
er den Tod Peters III. und die Erhe=
bung der Kaiserin Catharina II. auf
den Russischen Thron erfuhr. Auch diese
Krisis wartete er mit Standhaftigkeit ab,
und war gewärtig, daß sie ihn vielleicht
seines Postens berauben würde, aber wie
angenehm ward er überrascht, als ihm
die Kaiserin mit eigener Hand seine Be=
stätigung in den Worten kund that: „Auch
Sie wisse seine Verdienste zu schätzen, und
wünsche, daß er auf seinem Posten bleiben
möge.“ Von dem feurigsten Dankgefühl

gegen eine so großdenkende Monarchin durchdrungen, schwur ihr der edle Krieger ewige Treue, und bewies seine Anhänglichkeit gegen Sie und das Vaterland. durch jede seiner nachfolgenden Thaten. — In Wahrheit fällt es nicht leicht bei einem ausgezeichneten Charakter aus der neusten Geschichte so sehr in die Augen, wie bei diesem, was es heiße aus Neigung und Vorliebe dienen, und das Vaterland allen und jeden Privatrücksichten vorziehen. Der Leser wird dies bald aus Handlungen sehen, von denen wir hier bloß, wie von den bisherigen, einen leichten Umriß geben können. Brownes künftiger Biograph könnte Bände damit anfüllen.

Kaum hatte er seine kriegerische Laufbahn verlassen, und sich nun ganz seinem

bürgerlichen Berufe geweiht; so warf er
sein Auge zuerst auf die zahllosen Mißbräuche, die sich in sein Gouvernement
eingeschlichen hatten, und in einigen Jahren sah man unter seiner Vaterhand, zum
Wohlgefallen der von ihm regierten Provinzen, und zur Verwunderung des ganzen
Reichs, nachfolgende Wirkungen hervor-
gehn.

Den Anfang machte er mit jener berühmten Ausmessung von ganz Liefland,
die er auch glücklich zu Stande brachte,
und wodurch er der Staatskasse, ohne das
Land zu drücken, in kurzer Zeit eine beträchtliche Vermehrung der Einkünfte
verschaffte. Hierauf dachte er auf die Bei-
legung aller Unannehmlichkeiten, welche
bisher aus der unrichtigen Grenzbestim-

mung zwischen Liefland und dem Her-
zogthum Kurland erwachsen waren, und
suchte alle daraus entstandnen Mißbräuche
aus dem Wege zu räumen; und als er
von seiner Monarchin den ausdrücklichen
Befehl erhielt, einem Vertrage zwischen ihr
und dem Herzog von Kurland gemäß, die
Stadt Schlock samt ihrem Gebiet den
Grenzen des Reichs einzuverleiben; so wußte er das Unangenehme seines Auftrags
durch soviel Milde und Schonung in der
Vollstreckung zu versüßen, daß man den
Statthalter über dem Landesvater ganz
vergaß. Bey der pünktlichsten Beobach-
tung seiner Pflicht, vergaß er es nicht darüber zu wachen, daß die neuen Unterthanen der Kaiserin nicht gedrückt würden,
daß sie ihr Eigenthum beibehielten, so

wenig wie möglich von ihren Rechten ver-
lören, und sogar noch verschiedne Vorrech-
te aus der neuen Einrichtung ziehen möch-
ten. Ja seine Sorgfalt ging noch weiter.
Um den wechselsweisen Verkehr zu erleich-
tern, ließ er mit vieler Einsicht Heerstraßen
anlegen, ohne den Eigenthümer und Land-
mann im mindesten zu beschweren; um
endlich den übeln Folgen des Betrugs zu-
vorzukommen, verordnte er, daß in dem
neuen Gebiete, Maaß und Gewicht auf
Russischen Fuß gesetzt, alle bisherigen Fes-
seln aufgehoben, und die Stadt in ihrem
Handel mit Riga in Verbindung gebracht
würde. Kurz, er wußte das Interesse der
Krone so gut mit dem Wohlstande der
neuen Unterthanen zu verbinden, daß der
Staat nichts dabey verlor, und der Bür-

ger in dieser Vereinigung noch manches
Angenehme und Vortheilhafte fand. Auch
ahmte er das lobenswerthe Beispiel der
Kaiserin in Rückficht der Eintheilung der
Grenzländer nach, führte sie in dem neu=
en Diftrikt von Schlock ein, wies jedem
Befitzer durch Markscheiden das ihm ge=
hörige Land an, und befreite sie hiedurch
auf immer von den alten kostspieligen und
verderblichen Proceffen.

Ueber welchen Theil seines Gouverne=
ments hat er nicht seine Vaterhand aus=
gestreckt? Er ließ Kanzleien bauen zur Auf=
bewahrung wichtiger Acten; ließ Schulen
anlegen zur Erziehung armer Kinder; errich=
tete Wachhäuser längst den Grenzen hin, zur
Sicherung des Handels; legte in jedem
Diftrikt Kornmagazine an, um zur Zeit der

Noth versehen zu seyn; Hospitäler und Lazarethe für die armen Landbewohner, denen es an Unterstützung gebrach. Nicht minder sorgte er für andere gemeinnützige Einrichtungen, wie vornehmlich die Reinigung des Dünabettes, an deren übel berüchtigten Klippen vormals die Hofnung so manches Handelsmanns gescheitert war; für geräumige Niederlagshäuser zum Besten derer, die ins Große zu speculiren wünschten und ihre Waaren nicht aufzubewahren wußten; für die Abgrabung verderblicher Wasserfälle am Ausfluß der Düna, wo so manche fremde und einheimische Schiffe gescheitert waren. Alle diese Gegenstände bis aufs kleinste Detail herab entgiengen der Wachsamkeit des wohlwollenden Statthalters nicht, und erwarben

ihm die Segenswünsche des Unglücklichen,
und den Dank des Wohlhabenden.

Die Entlegenheit der Gerichtsstellen,
die manchen so beschwerlich fiel, bestimmte
ihn ferner, es bey der Kaiserin dahin zu
bringen, daß sie das Mittelland Werrau
an sich kaufte, woraus er einen neuen Di=
strikt bildete, und auf selbigem zur Be=
quemlichkeit der Nachbarn ein Gebäude
für die Gerichts=Collegien, ein anderes
für den Magistrat, und zwei Kirchen,
durchaus von Stein aufführen ließ. Noch
heute segnen ihn die Bewohner der Ge=
gend für diese Einrichtungen, und der fer=
ne Enkel wird seinen Nahmen noch mit
Dankbarkeit aussprechen!

Aber dies war noch nicht Alles. Welch
eine Reihe weiser und nützlicher Gesetze

und Verordnungen hat er nicht eingeführt! Unter seiner Aufsicht erhielt Liefland, was bisher durchaus auf ausländischen Fuß regiert worden war, eine einheimische mit den übrigen Russischen Staaten über= einstimmende Regierungsform, so daß die Kaiserin nunmehr ungleich besser für die Vertheidigung des Landes, so wie für die Sicherheit des Armen und des Reichen sorgen konnte. Durch die Wachsamkeit dieses rastlos thätigen Mannes wurden Leute von Verdienst, die ohne ihn zurück= gesetzt oder ganz vergessen worden wären, hervorgezogen, und auf ihre Posten ge= stellt. Viele von ihnen erhielten reiche und ehrenvolle Belohnungen, die sie allein den lebhaften Vorstellungen dieses Men= schenfreundes bei seiner Monarchin zu ver=

danken hatten. Er war ein furchtbarer
Schiedsmann der Gerechtigkeit, wog
auf gleichen Schaalen des Bettlers und
des Edelmanns Recht, und unterwarf sich
wie der Unterste ihren Aussprüchen. Nicht
nur durch ganz Liefland und Esthland
ließ er neue und gute Straßen anlegen,
sondern hinterließ auch seinen Nachfolgern
die brauchbarste Anweisung zu deren Un-
terhaltung. Die Distillirung und der Ver-
kauf des Brandteweins wurde auf eine
minder willkührliche und für alle Stände
gleiche Taxe herabgesetzt. Das kleinste
Städtchen erhielt seine Policeyordnung,
und er reinigte das Land von Bettlern und
Vagabonden, indem er sie theils in Fa-
briken und Arbeitshäuser, theils in Spi-
täler versetzen ließ.

Ihm haben die Bewohner der Insel
Oesel die Ausmessung ihres Landes zu
verdanken, da ihre Grenzen vor ihm eine unerschöpfliche Quelle verderblicher und
Geldfressender Prozesse gewesen waren.
Und was ist ihm die Stadt D o r p a t
nicht schuldig, die, nachdem sie durch einen
zweimaligen Brand fast ganz zu Grunde
gerichtet worden, auf seine Fürsprache von
C a t h a r i n e n einen beträchtlichen Vor-
schuß erhielt, so daß sie, ein anderer Phö-
nix, verschönert aus ihrer Asche her-
vorging, und jetzt eine der blühendsten
Städte des ganzen Gouvernements ist!
Eben so war er der Stadt P e r n a u durch
großmüthige Vorschüsse aus seinen eignen
Mitteln behülflich, daß sie sich von einer
drückenden Schuldenlast befreien konnte. —

Wie viel Dank sind ihm nicht die Städte Fellin und Weissenstein schuldig, denen er zu Wiedererlangung des ihnen entzogenen Gebiets verhalf? Werden die Bewohner dieser Städte jemals den Nahmen ihres Wohlthäters vergessen?

Doch diese Blätter würden zu einem Buche anschwellen, wenn ich hier Alles aufzählen wollte, was dieser edle Mann durch seine Thätigkeit, seine Ordnungsliebe, seine ökonomischen Kenntnisse, und seinen festen Willen, Großes, Gutes, Nützliches für die Sicherheit und das Eigenthum der Städte, für den Wohlstand der Provinzen, für die Handhabung der Gerechtigkeit, zum Besten der Religion, und

einer vernünftigen Aufklärung *) gewirkt
und durchgesetzt hat.

Was aber seinen Nahmen besonders
dem Liefländischen Adel unvergeßlich machen muß, das war eine Ukase, die er
von der Käiserin zu Gunsten der Güterbe-
sitzer auswirkte, wodurch eine gefährliche
von den Schweden eingeführte Lehnsober-
herrlichkeit, auf immer abgeschafft und
vernichtet wurde: denn vor diesem konnte
kein Liefländischer Edelmann seine Güter
verkaufen, noch sie auf die weibliche Linie
übergehen lassen, und nach dem Absterben
des lezten Mannes, fiel das Gut dem
Kaiserlichen Fiskus anheim, der nach Be-

---

*) Durch Einrichtung des Lyceums und des
Catharinäums zu Riga.

lieben darüber schaltete. Jetzt kann der
Liefländische Adel ganz nach Willkühr über
seine Güter disponiren.

———

Wir haben bisher unsern Lesern die
kriegerischen und bürgerlichen Unterneh=
mungen des Generals Browne, d. i. ei=
nen Zeitraum von 34 Jahren, da er dem
Kriege, und einen von 30, da er seinem
Gouvernement oblag, kurz geschildert oder
vielmehr nur beim Nahmen genannt: und
wir hoffen, daß sie den Ruhm, den er
sich erwarb, die Lorbeern, die er mit
seinem Blute beträuft, die vielen Ehren=
bezeugungen, die ihm seine Kaiserin gleich=
sam im Wetteifer mit den ersten Regen=

ten Europens zukommen ließ, gerecht fin=
den werden. Alle diese Verdienste und
Thaten aber, alle diese Würden und Eh=
renbezeugungen würden ihn blos zu einem
berühmten, Geräuschmachenden, bey
fühlenden Herzen aber, bey denen mehr
Tugend als Thatenruf entscheidet, noch
lange nicht zu einem guten und großen
Manne gemacht haben, wenn ihn nicht
sein Charakter und seine Redlichkeit noch
weit mehr über gewöhnliche Menschen
emporgehoben hätte. Wir wollen daher
hier noch von seinem biedern gefühlvollen
Herzen, von seinen Privattugenden, und
seinem festen tadellosen Betragen sprechen,
womit er seinen Verdiensten die Krone
aufgesezt hat.

Arm

Arm gebohren — wenigstens in Hin-
sicht seiner hohen Geburt, und der großen
Güter, die seine Familie vormals beses-
sen, hinterließ er bey seinem Tode ein be-
trächtliches Vermögen: aber war es Raub,
Bestechung, Wucher, womit er sich berei-
cherte? Nein, er lebte stets eingezogen,
nie über seinen Rang, ohne all den Lu-
xus und Ueberfluß, wodurch in unsern Tagen die größten Glücksgüter aufgerieben
werden. Seine Verheirathung mit der
Schwester des Feldmarschalls Lascy war
der Anfang seines Glücks, und mit seinen
Ersparnissen kaufte er sich das Gut Se-
gewold. Bald hierauf schenkte ihm die
Kaiserin Elisabeth für seine Verdienste
Smilten als Erbgut, und Penau in
Kurland auf Lebenslang. Seine übri-

D

gen Güter kaufte er sich gleichfalls aus
eignen Mitteln, außer einigen Bauerhöfen
von Blumenhoff, die ihm Katharina II.
blos darum abtrat, weil sie sich mitten in
Smilten befanden, und die Verwaltung
desselben hinderten. Sonst erhielt er von
Katharinen keine Geschenke, als nach
und nach die sämmtlichen Russischen Or=
den. Nie in seinem Leben begehrte er et=
was von der Kaiserin, weder für sich,
noch für seine Kinder, und benutzte seinen
Kredit blos dazu, Männer von Verdienst
zu unterstützen, vergessene Personen, die
er der Nachhülfe des Staats würdig ach=
tete, an das Licht zu ziehen.

Brownes Charakter war aus den
liebenswürdigsten Eigenschaften zusammen=
gesetzt. Stets bescheiden, stets vorsichtig,

beklagte er sich in den ersten Jahren seiner
Laufbahn eben so wenig über seine Armuth,
als er sich in den letztern seines Reich=
thums überhob. Sein Gesicht war edel
und offen; sein Körper stark, wohlgebaut,
gewandt; seine Thätigkeit unermüdet; mit=
ten im Genuß und in der Fröhlichkeit
wußte er Maaß und Klugheit zu beobach=
ten; haßte die Verläumdung, war stets
nur mit seiner Pflicht beschäftigt; die Won=
ne aller, mit denen er Umgang pflog; kei=
nen zu nahe, von keinem zu entfernt. Ein
so glücklicher Charakter mußte ihm zuver=
läßige Freunde, edle Beschützer verschaffen,
und als ein eherner undurchbringlicher
Schild gegen die Anfälle des Neides und
der Verläumdung dienen. Eben dieser be=
neidenswerthe Gleichmuth, der ihn so we=

nig bey Hofe wie im Felde der Schlacht
verließ, der nichts suchte, nichts verlang=
te, als was sein Beruf mit sich brachte,
erwarb ihm einen festen und bleibenden
Platz mitten unter den politischen Um=
schwüngen und Stürmen, deren Wuth
manche der höchsten ältesten Eichen samt
der Wurzel ausriß und in den Staub
legte. Dieser Starkmuth, diese glückliche
Resignazion setzten ihn über alle Unfälle
des Lebens hinweg; erwarben ihm die Ach=
tung fünf verschiedner Beherrscher, denen
er diente, und selbst die Ehrfurcht der
schwärmenden Insekten, welche den Thron
umgeben. Geliebt von seinen Untergebe=
nen, geachtet von Seinesgleichen, geschätzt
von seinen Vorstehern, während seiner
langen kriegerischen und politischen Lauf=

bahn, wußte er sich stets von Dingen entfernt zu halten, die seines Amts nicht waren, und bot dagegen alle Kräfte seiner
Seele auf, dasjenige ganz zu thun, wo-
zu ihm die Pflicht aufrief. Nachdem er
einmal General-Gouverneur geworden —
ein Posten der ihn dem Thron so nahe
brachte, befaßte er sich nie mit einzelnen
Protectionen, sondern betrachtete es als
den wichtigsten Theil seines Amtes, den
Hof mit dem bescheidenen Verdienste be-
kannt zu machen. Er spendete Wohltha-
ten aus seinen eignen Mitteln, und sparte
das Gold der Krone: man konnte dies
sogar aus seiner Wohnung in Riga sehen, welche mehr einem Gefängniß als einem
Pallaste gleich sah — ungeachtet der Vorstellungen der Kaiserin, daß er nichts spa-

ren möchte, was seine Bequemlichkeit und die Würde seines Rangs erforderte. In Handhabung der Gerechtigkeit, deren erster Vollstrecker er in seinem Gouvernement war, bewies er sich unerbittlich, nahm keine Rücksicht weder auf den Nahmen, noch auf das Vermögen, noch auf die Aemter des Beklagten, und ließ stracks vollstrecken, was einmal ausgesprochen war. Man sah ihn sogar seine eignen Verwandten und Personen vom höchsten Rang, in Streitigkeiten mit Leuten von der untersten Volksklasse, verurtheilen; und dem armen Unterdrückten ward stets von ihm die vollständigste Genugthuung gegen seinen Verfolger verschafft.

Wie sehr er guter Gemahl war, bewies er durch sein Betragen gegen zwei

Gattinnen, wovon die erste die erwähnte Schwester des Feldmarschalls Lascy, die zweite aus dem Hause der v. Mengden und Wittwe eines Wittinghoffs war, mit denen er in der größten Eintracht leb= te, und deren Verlust er bis an seinen Tod beklagte.

Wie sehr er guter Vater war, zeigte er durch die gleiche Zärtlichkeit gegen seine Kinder von beiden Ehen, und durch die gleichförmige Vertheilung seines Vermö= gens unter sie. Wie sehr er guter Ge= bieter war, — bewies er im Leben durch die Menschenfreundlichkeit gegen seine Un= tergebnen; im Tode, durch die großmüthi= gen Vermächtnisse, die er einem jeden von ihnen aussetzte. So sehr ihn die seligen

Folgen eines reinen Gewissens, die reichen
Früchte einer unerschütterlichen Rechtschaf=
fenheit, sein immer gemäßigtes, immer
gleichförmiges Betragen — dem er haupt=
sächlich eine eiserne Gesundheit zu danken
hatte, an das Leben fesselten, so sehr be=
wies er es, daß er den Tod nicht fürchte,
— zuerst dadurch, daß er sein Leben so
oft den äußersten Gefahren des Kriegs
aussezte; und in der Folge, als ihm seine
Statthalterschaft mehr Ruhe verschafte,
dadurch, daß er sich schon zwanzig Jahre
vor seinem Tode einen Sarg bauen ließ,
den er sehr oft besuchte und sein Testa=
ment aufsezte, das er sich alljährlich
vorlesen ließ, um Veränderungen dar=
in zu treffen, die durch den Tod dreier

Kinder *), und zweier Gattinnen nothwen=
dig geworden waren. Noch in seinem Al=
ter blendete ihn der Glanz der Größe so
wenig, daß er Katharinen um die Er=
laubniß bat, seine Aemter niederlegen zu
dürfen, um fern vom Gewirre der Geschäfte,
seine Tage im friedlichen Schooße seiner
Familie beschließen zu können. Aber die
Kaiserin wollte nichts davon wissen, und
das letztemal, da er zu Petersburg war,
und um seine Entlassung anhielt, antwor=
tete sie ihm: „Mein Herr Graf,
nichts als der Tod soll uns schei=

---

*) Alle drei starben auf der Laufbahn der Eh=
re: der eine als General=Major; der zweite als
Obrist in Russischen Diensten; der dritte, von
dem oben schon Meldung gethan worden, in
Frankreich.

den." Von dieser Zeit an sezte er nicht
weiter in sie, und starb etliche Jahre spä=
ter auf seinem Posten.

Diesen Titel erhielt Browne erst
einige Jahre nach dem Antritt seiner
Gouverneurstelle von Kaiser Joseph
II, welcher, da er die Ungerechtigkeit
des Englischen Hofs sah, der ihm, un=
ter dem Vorwande der Religionsver=
schiedenheit, den in der Familie Camus
herkommlichen Titel Mylord vor=
enthielt, ihm zur Entschädigung das
Reichsgrafen = Diplom ausfertigen ließ,
so wie es sein Onkel, der berühmte
Ulysses Maximilian Graf von
Browne, Obrist eines Kürassierregi=
ments und Feldmarschall in Kaiserli=
chen Diensten gehabt hatte, — von

deſſen Hauptlebensumſtänden wir hier
einige Nachrichten beyfügen wollen.

Er war gebohren zu Baſel den 24 Okt.
1705. Nachdem er ſeine erſten Studien zu Lymerik in Irland zurück-
gelegt hatte, berief ihn ſein Onkel Graf
Georg Browne, Oberſter eines Kai-
ſerlichen Infanterie-Regiments, in einem Alter von 10 Jahren nach Ungarn. 1717 wohnte er der berühmten
Belagerung von Belgrad bei. Gegen das Ende des Jahres 1723 wurde er Hauptmann unter dem Regiment
ſeines Onkels; zwei Jahre hernach
Oberſt-Lieutenant. 1730 zog er mit
einem Bataillon ſeines Regiments gegen die Inſel Korſika, und trug
Vieles zur Einnahme von Callan-

zara bey, wo er ftark verwundet wur=
de. 1732 ward er zum Kaiferlichen
Kammerherrn, und 1734 zum Ober=
ften ernannt.

In dem Italienifchen Kriege, be=
fonders in den Schlachten von Parma
und Guaftalla, zeichnete er fich rühm-
lich aus, und verbrannte im Angeficht der
franzöfifchen Armee eine Brücke, welche
der Marfchall von Noailles über die
Etfch hatte fchlagen laffen. Er wurde
nun zum General ernannt, deckte nach
dem unglücklichen Vorfall bey Benja=
luka in Bosnien (den 3ten Auguft
1737) den Rückzug der Kaiferlichen
Armee auf eine meifterhafte Art und
rettete das gefammte Heergeräthe.
Diefe fchöne That verfchaffte ihm ein

zweites Infanterie = Regiment, was durch den Tod des Grafen Franz von Wallis erlediget worden war. Bey seiner Zurückkunft nach Wien im Jahr 1739 erhob ihn der Kaiser zur Würde eines Feldmarschall = Lieutenants, und zum Assessor bey dem Hofgerichte. Als nach dem Tode des Kaisers Friedrich der Große in Schlesien einge= drungen war, wußte ihm Graf Brow= ne mit einem kleinen Corps das Land Schritt vor Schritt streitig zu machen. 1741 kommandirte er die Infanterie des rechten Flügels der Oestreicher, und nahm, obgleich verwundet, einen sehr schönen Rückzug. Er zog hierauf nach Baiern, wo er den Vortrab der nehmlichen Armee anführte, Des

ckendorff nebſt vieler Bagage weg=
nahm, und die Franzoſen von den
Ufern der Donau vertrieb, welche die
Oeſtreicher nun mit aller Sicherheit
paſſirten. In eben dieſem Jahre ſandte
ihn die Königin von Ungarn als be=
vollmächtigten Miniſter nach Worms
ab, wo 'er an dem Allianz = Tractat
zwiſchen den Höfen von Wien, Lon=
don und Turin die lezte Hand legte.
1743 erklärte ihn die Königin, bei ih=
rer Krönung in Böhmen, zu ihrem
wirklichen geheimen Rath. 1744 folgte
Browne dem Prinzen Lobkowitz
nach Italien, und nahm den 4ten Au=
guſt, ungeachtet der überlegenen Fein=
de, Veletri hinweg. Caſtruccio Bo=
gamici, wenn gleich von der Gegen=

patthei, ertheilt unserm Browne bei Gelegenheit dieser Schlacht das schöne Zeugniß: „Browne, ein Mann von außerordentlichem Geiste von Jugend auf, in allen Theilen der Kriegskunst erfahren." *)

Er ward auf eine kurze Zeit nach Baiern zurückberufen, zeichnete sich hier hoch aus, und kehrte 1746 nach Italien zurück. Er drückte die Spanier aus dem Mayländischen, vereinigte sich mit dem Heere des Fürsten von Lichtenstein, und kommandirte den linken Flügel der Oestreicher in der Schlacht von Placenz den 15 Juny

---

*) Brownius, summi homo ingenii, et bellicas omnes a pueritia artes edoctus.

1746, wo er den rechten Flügel des
Feindes unter den Befehlen des Mar=
schalls von Maillebois zurückwarf.

Nach dieser berühmten Schlacht, de=
ren Gewinn ihm allein gebührte, führte
er die Armee gegen die Genueser,
nahm den Paß von Bochette, ob er
gleich von 4000 Mann vertheidiget
war, ein, und machte sich zum Meister
von Genua. Nach diesen Unterneh=
mungen vereinigte sich Graf Browne
mit dem Heere des Herzogs von Sa=
voyen, und nahm vereint mit ihm
die Veste Montalban, und die Graf=
schaft Nizza weg. Den 30 No=
vember setzte er, ungeachtet der Gegen=
wehr der Franzosen, über die Var,
drang in die Provence, und nahm
die

die Inseln St. Marguerite und St. Honorat. Der unermüdete Krieger stand im Begriff, sich eines noch ungleich größern Theils dieser Provinz zu bemächtigen, als ihn die Revolution in Genua, und das Heer des Marschalls von Belleisle zu jenem bekannten Rückzuge nöthigte, der die Bewunderung aller Kriegskenner auf sich zog. Den Rest des Jahrs 1747 verwandte er dazu, die östreichischen Besitzungen in Italien zu decken.

Maria Theresia suchte ihn für seine kriegerischen Thaten in Italien dadurch zu belohnen, daß sie ihn zum Gouverneur von Siebenbürgen ernannte. Im Jahr 1752 erhielt er das Gouvernement der Stadt Prag,

E

samt der Oberbefehlshaber = Stelle über
alle Kriegsvölker in Böhmen; und der
König von Polen schickte ihm den wei=
ßen Adlerorden.

Als Friedrich der Große im Jahr
1756 Sachsen wegnahm, und in
Böhmen einbrach, marschirte Graf
Browne gegen ihn und vereitelte
durch die Schlacht bey Lobosiz (den
1 October) den Plan des Königs. Sie=
ben Tage nach dieser Schlacht, trat
er jenen berühmten Marsch nach Sach=
sen an, um die zwischen Pirna und
dem Königsstein eingeschlossenen Säch=
sischen Kriegsvölker zu befreien — eine
Unternehmung, welche des größten
Feldherrn alter und neuer Zeit würdig
gewesen wäre. Er drückte die Preußen

bald hierauf ganz aus Böhmen hin aus,
wofür ihm der Kaiser den 6 März 1757
den Orden des goldenen Vließes schenk=
te. Nach seiner Zurückkunft von Wien,
wo er zum Feldmarschall ernannt ward,
zog Graf Browne wieder nach Böh=
men, und raffte hier Truppen, soviel
er in der Eile konnte, zusammen, um
den König von Preußen aufzuhal=
ten, welcher neuerdings an der Spitze
seiner ganzen Macht hier eingedrungen
war. Den 6 May fiel die berühmte
Schlacht von Prag vor, wo Brow=
ne tödlich verwundet wurde, und sich
in die Stadt hineinwerfen mußte, wo=
selbst er den 26 Juny 1757, im 52
Jahre seines Lebens, an seinen Wun=
den starb.

Graf Browne war nicht blos gro=
ßer General, er war auch ein Einge=
weihter in der Politik, und sehr ge=
schickter Unterhändler. Er hatte sich
den 15 August 1726 mit Maria Phi=
lippine Gräfin von Marthynitz,
aus einem alten Böhmischen Hause,
verheirathet, und zwei Söhne mit ihr
erzeugt, welche beide als General Lieu=
tenants im Oestreichischen Dienst star=
ben. Das Leben dieses berühmten
Feldherrn ist in zwei Schriften, einer
deutschen und französischen, 1757 zu
Prag herausgekommen.

Doch wir kehren wieder zu unserm
Russischen Helden zurück, dessen Kriegs=
und Friedensthaten, bey aller Kürze, wo=
mit wir sie hier berührten, gewiß die Theil=

nahme unsrer Leser erregt haben werden.
Der unvergeßliche Mann hinterließ auß
seiner ersten Ehe einen einzigen Sohn, der
noch am Leben *), und Feldzeugmeister im
östreichischen Dienst ist, ein treflicher Kriegsmann, der einige köstliche Manuscripte
über den siebenjährigen, und andere Kriege des Hauses Oestereich hinterließ, von
denen sehr zu wünschen wäre, daß sie dem
Publikum mitgetheilt würden; ein Mann
der sich durch seine geselligen Tugenden all-
gemein beliebt machte, der höchsten Gunst
Josephs II, dessen unzertrennlicher Ge-

---

*) Wurde vom Kaiser, an Wurmsers Statt,
zum Feldherrn gegen die französische Rheinarmee
ernannt, und starb im vorigen Jahre auf seinem
Posten, von der ganzen Armee bedauert.

fährte er war, und Leopolds II. genoß
und bey dem jetzt regierenden Kaiser gleichfalls in hoher Achtung steht.

Seine drei andern Söhne aus der ersten Ehe starben, wie wir oben erwähnten,
und seine Tochter, die an einen Zyberg,
Palatin von Liefland verheirathet war,
verschied wenige Jahre nach ihrer Verbindung, in den Wochen ohne Erben.

Aus der zweiten Ehe hinterließ er gleichfalls nur einen Sohn Johann Georg
Grafen von Browne, Obrist des Infanterie = Regiments von Kexholm in
Russischen Diensten und Malthefer = Rit-
ter; und zwei Töchter, Eleonore Chri-
stina, die mit dem Grafen Michael
von Borch = Lubeschitz, Woywoden von
Belez, General = Lieutenant der Polni-

schen Armeen, und die zweite Wilhel-
mine Elisabeth, die mit dem
Grafen von Medem, einem Schwager
des Herzogs von Kurland, und Capitain in Preußischen Diensten verheirathet
ist.

Das Ende dieses ausgezeichneten Mannes war, wie sein Leben, ruhig und groß,
und wenn er die Welt ungern verließ, so
geschah es blos, weil er seiner geliebten
Monarchin seine Dienste noch länger zu
widmen wünschte. Als ihn seine letzte
Krankheit befiel, nahm er den rührendsten
Abschied von seinen Freunden, von seinen
weinenden Kindern, legte die letzte Hand
an sein Testament, und schrieb noch zwei
Briefe an die Kaiserin, in deren einem er
ihr seine Kinder empfahl, in dem andern,

einen Mann zum Nachfolger in seiner
Gouverneurstelle vorschlug, den er für den
fähigsten hielt, die Provinzen zu beglücken,
und seine glorreich betretene Bahn fortzu=
wandeln. Er stärkte sein brechendes Herz
durch die Tröstungen der Religion, wel=
che der Grundpfeiler seines gan=
zen Lebens war, und starb den 18ten
September 1792, in einem Alter von 94
Jahren 3 Monaten und 3 Tagen, wovon
er 64 Jahre mit beispiellosem Eifer dem
Dienste gewidmet hatte, — mitten unter
den zärtlichen Klagen seiner liebenden Kin=
der, und Aller, über die er seine Vater=
hand ausgebreitet hatte.

Noch vor seinem Ende äußerte er ge=
gen den Baron Pahlen, Gouverneur
von Riga, daß er sich bey seiner Beerdi=

gung alles Gepränge verbitte, aber sehn-
lich wünsche, daß er gleich seinem Schwager, dem Feldmarschall Lascy, von sech=
zig Kürassierern in sein Familienbegräbniß
nach Schönberg in Kurland gebracht
werden möchte, wobei er ausdrücklich be=
fahl, daß man ihn in der nehmlichen Uni=
form begraben sollte, die er in der Schlacht
bey Zorndorf getragen. Er hatte sie
stets aufs sorgfältigste aufbewahrt, und sie
war von seinen schweren an diesem Tage
empfangenen Wunden noch voll Blut.
Der Gouverneur, der wegen des Pohlni=
schen Kriegs, kein bewaffnetes Corps nach
Kurland zu senden wagte, benachrichtig=
te die Monarchin von dem Wunsche des
Verstorbenen. Katharina antwortete
eigenhändig:

„Ich habe den Grafen von B r o w n e
„stets werth gehalten, und fühle den
„Verlust tief, den ich durch seinen Tod
„leide. Sagen Sie seinen Kindern,
„daß ich ihnen meinen Schutz nicht ent=
„ziehen werde. Sagen Sie allen de=
„nen, welche Aemter unter ihm beklei=
„deten, wie ich bereits Befehl gegeben,
„daß sie ihr ganzes Gehalt solange bei=
„behalten sollen, bis ich sie auf eine
„andere Art versorgt haben werde.
„Was die Beerdigung des Verstorbe-
„nen betrift; so lassen Sie nicht allein
„alles pünktlich vollstrecken, was er ver=
„langt hat, sondern sorgen zugleich da=
„für, daß ihm alle Ehrenbezeugungen
„erwiesen werden, die man seinem

„Range und seinen Verdiensten schul=
„dig ist." *)

Als diese einer Kaiserin würdige Ant=
wort acht Tage nach seinem Tode ange=
langt war, so begannen die Begräbniß=
Ceremonien mit einer Parentation des
Abbts Wissinger, Kanonikus von Bi=
ben, worauf der Präsident Ungern=
Sternberg, als Haupt des Adels,
gleichfalls eine rührende Rede hielt. Nun
huben die gewöhnlichen Gesänge der Ka=
tholischen Geistlichen an, und der Leichnam
ward von zwölf Staabsoffizieren in fol=
gender Ordnung getragen:

Alle Straßen — vom Schloß bis an
die Brücke der Düna waren mit Sand

---

*) Groß!

bestreut, und von einer doppelten Reihe
Soldaten besezt, die mit gesenktem Gewehr
standen, und denen eine mit Flor bedekte
Kanone voranging und nachfolgte. Der
Konduft eröffnete sich durch ein Reiterge-
schwader; ihm folgte ein Infanterie Corps
von der Garnison; dann kamen die zwei
Regimenter der Stadt zu Pferd mit Trau-
ermusik; dann sechs Obersten, und Oberst-
lieutenants, welche auf Atlasnen Küssen
die fünf Orden des Verstorbenen, seinen
Commandostab, seinen Degen und Hut
trugen; dann folgte der Sarg auf einem
Wagen mit Flor bedeckt; dann der Marschall des Adels; dann der Sohn und die
Tochtermänner des Entschlafenen, und mit
ihnen der Gouverneur Baron von P a h-
l e n , die General-Lieutenants W o l f f

und Romanzoff; dann die Dikasterien, der Magistrat, die Gemeinden und Hand= werker. Der Zug schloß sich mit einem dritten Infanterietrupp — unter dem Donner der Kanonen der Stadt und der Citadelle, und einer dreifachen Salve der ganzen Garnison, kommandirt von Mey= endorff, Commandanten von Riga.

So bewegte sich der Zug bis an das andere Ende der Brücke, alle Glocken der Stadt klangen zusammen, die katholische Geistlichkeit sang ein Miserere, und der Verstorbene ward nun, von seinen Kin= dern und den verlangten Kürassierern be= gleitet, nach Schönberg in Kurland gebracht, und in der Gruft der dasigen Kirche beigesezt.

Die dankbaren Vorsteher des Orts
schrieben auf sein Grabmal:

„Hier schläft ein Held — der goldnen
Vorzeit werth!
„Deß unbezwungner Arm fast ein Jahr-
hundert
„Der Welt und seinem Vaterlande diente;
„Hier schläft sein theures silbergraues
Haupt,
„Womit er uns und dieses Land be-
wachte.
„Hier ruht ein großes liebevolles Herz,
„Voll Tugend und voll sanfter Mensch-
lichkeit,
„Uns und dem Lande ewig unvergeßlich:
„Hier unsre Thränen — dort sein ew'ger
Lohn."

Sein Sohn und die beiden Tochter=
männer ließen ihm eine Büste von weißem
Marmor setzen, mit den Aufschriften:

Auf der Vorderseite:

Si potuiſſet ſumma Virtus

Mortalibus concedere

Immortalitatem,

Vixiſſet ille ſemper *).

———

Auf der rechten:

Amor

et

Gratitudo **).

———

———

*) Könnte die höchste Tugend dem Menschen
Unsterblichkeit geben; so hätte Er ewig gelebt.
**) Liebe und Dankbarkeit.

Auf der linken:

Dulcissimo Genitori.

Moesti Filii *).

———

Auf der Kehrseite:

Seine Titel, Nahmen, Geburt, Todes=
tag, Begräbnißort.

———

So stirbt der Biedermann; sein Tod
ist blos ein Ruhepunkt seiner glorreichen
Laufbahn, und indem sein Geist seine sterb=
liche Hülle zerbricht, und sich ins schönere
Leben

---

*) Ihrem besten Vater seine trauernden
Söhne.

Leben emporhebt, erlischt sein Gedächtniß nicht, sondern gräbt sich nur um so tiefer in alle fühlenden Herzen ein, pflanzt sich von Geschlecht zu Geschlecht fort, und dient allen denen als Beispiel, die Muth genug haben, ihm nachzuahmen. Ein solcher Tod ist blos der Abend eines schönen Tages, dem eine schönere Morgenröthe folgen wird. Laßt uns also den Verlust dieses seltenen Mannes nicht länger beweinen, er ist nicht todt, er lebt in unsern Herzen, in seinen Thaten und Tugenden unsterblich fort.

Jene Starken aus dem schwachen Haufen,

Wenn sie glorreich ihre Bahn durchlaufen,

In der Kraft, die ihnen Gott verlieh;

Sinken unterm Klange sanfter Lieder

In die Kühlung der Cypresse nieder,

Um sie weinet nicht die Elegie!

———